Bührer, Lachs & Co.

ISBN 3-275-01083-2

1. Auflage 1994

Fotos von König & König, Fotoatelier, CH-8032 Zürich

Satz: Franz X. Stückle Druck und Verlag, D-77955 Ettenheim
Druck und Bindung: Wilhelm Röck, Graphische Betriebe, D-74183 Weinsberg
Printed in Germany

Peter Bührer

Lachs & Co.

Müller Rüschlikon Verlags AG, CH-Cham/Zug

Inhaltsverzeichnis

Räucherlachsmousse im Kresse-Bett (Rezept Seite 28)

GRUNDREZEPTE 87

Die Rezepte sind, wenn nichts anderes vermerkt ist, für 4 Personen berechnet.

Tips und Tricks für Einkauf und Lagerung

Wie man den Lachs vorbereitet

Wenn Sie einen ganzen Lachs kaufen, lassen Sie ihn, wenn möglich, in der Fischhandlung oder im Feinkostgeschäft schuppen. Möchten Sie den Fisch in Portionen zubereiten, bitten Sie den Fischverkäufer, die Haut abzuziehen und das Fischfleisch in Filets zu schneiden.

Stecken im Fisch noch Gräten, können Sie diese mit einer Pinzette leicht herausziehen. Auch ein Sparschäler eignet sich dazu: man führt die Gräten in die Öffnung, dreht den Schäler leicht ab und zieht sie so heraus.

Eine Kochregel sagt, daß man Fisch und Fleisch nicht direkt aus dem Kühlschrank zubereiten sollte. Da der Lachs jedoch beim Kochen leicht austrocknet, gilt diese Regel ausnahmsweise nicht – man sollte ihn gekühlt weiterverwenden.

Einkauf von Frischlachs

Dieser Fisch wird heute in verschiedenen Formen angeboten: ganz, ganze Seiten mit oder ohne Haut, in Tranchen geschnitten oder als Filets. Unter Lachsschnitzel versteht man schräg geschnittenes Lachsfilet (ca. 1–2 cm).

Beim ganzen Fisch sieht man an folgenden Merkmalen, ob er frisch ist:

- tiefrote Kiemen
- festes, glänzendes Fleisch, das bei starkem Fingerdruck nur wenig nachgibt und gleich wieder zurückschnellt
- frischer Geruch
- keine schleimige Haut

– die Schuppen sitzen fest auf der Haut
– pralle, glänzende Augen.
Bei Lachsseiten ist der Frischegrad schwieriger zu erkennen. Je fester das Fleisch, das heißt, je weniger sich die Seite biegt, wenn man sie aufhebt, um so frischer ist der Fisch. Fragen Sie auch, ob Sie am Fisch riechen dürfen.
Für eine Person braucht man:

Lachsfilet als Vorspeise	etwa 80–100 g
Lachsfilet als Hauptspeise	etwa 120–140 g
Lachstranchen	etwa 180–200 g
Lachsschnitzel	etwa 120–140 g

Aufbewahren von Frischlachs

Nach dem Einkauf soll der Fisch sofort aus der Packung genommen, auf einen Teller gelegt und mit einer Klarsichtfolie locker abgedeckt in den Kühlschrank gestellt werden. Bei Platzmangel im Kühlschrank können Sie eine Schüssel mit Eiswürfeln oder zerschlagenem Eis füllen und den Fisch auf einem Teller oder einer Folie darauflegen (jedoch nie direkt aufs Eis).
Verwenden Sie den Lachs möglichst bald. Sollte sich Ihr Eßplan ändert, verpacken Sie den Fisch und geben Sie ihn in den Tiefkühler. Tiefkühlen bedeutet immer einen geringen Qualitätsverlust.

Die Garmethoden

Im Profi-Küchenbereich spricht man von 14 verschiedenen Grundzubereitungsarten. Diejenigen, die sich für die Zubereitung von Lachs eignen, stellen wir Ihnen vor.

In den Rezepturen sprechen wir oft von „Garziehen“, womit wir das schonende Fertiggaren meinen. Als Beispiel Lachs vom Grill; hier wird der Lachs auf den Grill gelegt und auf beiden Seiten nur kurz grilliert, dann wird die Grillpfanne vom Herd gezogen, um den Fisch bei sanfter Hitze eben garziehen zu lassen, so daß er innen noch rosa und saftig bleibt.

Braten

Die bekannteste Zubereitungsart ist das Braten. Sie können den Lachs in Butter oder Pflanzenöl anbraten, wir empfehlen Ihnen jedoch Olivenöl, das dem Fisch ein angenehmes Aroma verleiht. Durch das kurze Braten im heißen Fett bleibt der Fisch innen schön saftig.

Fritieren

Das Schwimmendbacken in der Fritüre eignet sich nicht für Lachs.

Dämpfen

Dazu ist ein Dampfaufsatz nötig. Er wird mit Butter oder Olivenöl bestrichen und der gewürzte Fisch wird daraufgelegt. Die Flüssigkeit, die den Dampf erzeugt, wird mit Kräutern und Gewürzen aromatisiert. Sie können auch feingeschnittene Gemüsestreifen zusammen mit dem Fisch auf den Dampfaufsatz legen und beides gleichzeitig über dem Dampf garen.

Gratinieren

Dies kann auf zwei Arten geschehen, das heißt, man kann gegarten oder rohen Fisch verwenden. Im ersten Fall bestreicht man den Fisch mit einer Sauce oder einer feuchten Masse und läßt das Gericht auf der obersten Rille des Backofens bei starker Oberhitze goldbraun überbacken. Verwendet man rohen Fisch, läßt man das Gericht bei starker Oberhitze garen und gratinieren.

Dünsten

Dazu eignen sich Lachsfilets und Lachstranchen. Schalotten oder in kleinste Würfelchen geschnittene Gemüse werden in Butter oder Olivenöl gedämpft.

Die Fischstücke beigeben und mit wenig Weißwein, Champagner oder Fischbouillon übergießen. Zugedeckt bei schwacher Hitze garen. Den Fisch aus der Pfanne heben.
Der Dünstflüssigkeit nach Belieben Wein, Sahne usw. beifügen und eine leichte, sämige Sauce zubereiten.

Pochieren – im Sud garziehen lassen

Dazu läßt man den Lachs in einem Sud aus Gemüse, Fischbouillon und Kräutern knapp auf dem Siedepunkt garen. Den Fisch herausheben. Aus dieser Flüssigkeit (Fond) wird zusammen mit Sahne, Champagner/Weißwein und Zitronensaft die Sauce zubereitet. Wenn man die Flüssigkeit um die Hälfte einkocht und pikant würzt, kann man sie auch als Suppe/Pot au feu verwenden.

Garen in der Folie

Dies ist eine sehr schonende Zubereitungsart. Durch das Garen im eigenen Saft wird das Gericht besonders geschmacksintensiv. Sie können Alufolieoder auch Backfolie/Trennpapier verwenden, diese mit Gemüse-, Kartoffelstreifen und Kräutern belegen, die Lachsfilets daraufgeben, mit wenig Salz würzen und wenig Flüssigkeit, wie Fischbouillon, dazugeben und das Ganze gut einwickeln. Im auf 200 °C vorgeheizten Ofen 20–25 Minuten garen.

Grillen

Der Lachs eignet sich nicht besonders gut zum Grillen. Auf jeden Fall sollte man einen Grill mit eng aneinanderliegenden Grillstäben benutzen und diese großzügig mit Öl bestreichen, bevor man den Lachs darauflegt.
Es eignen sich vor allem Lachstranchen oder feste Filetstücke für diese Zubereitungsart.

Kochen

Das eigentliche Kochen wird bei der Zubereitung von Lachsfilet und Lachstranchen nicht angewendet. Lediglich große und ganze Fische werden gekocht. Sie werden in den kalten Sud gelegt, dieser auf den Siedepunkt gebracht und der Lachs bei kleiner Hitze schonend gekocht.

Im Backofen backen

Für das Garen im Backofen eignen sich vor allem ganze Lachse. Diese können mit einer Masse oder mit Kräutern gefüllt und mit Flüssigkeit und Fett im Ofen bei ca. 150 – 180 °C gebacken werden. Sie können den Lachs auch mit Meersalz dicht bestreuen und dann im Ofen garen (siehe Rezept S. 49).

Räucherlachs-Gugelhopf

Die Kartoffeln schälen, durch ein Passevite treiben (pürieren) und zusammen mit dem Mehl in eine Schüssel geben. Eier, zerbröselte Hefe, Milch, Salz und Butter beigeben. Mit dem Teigkneter kräftig verarbeiten und aufgehen lassen. Den Räucherlachs in Streifen schneiden und zusammen mit den Kräutern unter den Teig arbeiten. Mit einem feuchten Tuch zudecken und an einem warmen Ort aufgehen lassen.
Die Gugelhopfform mit Butter ausstreichen, mit Mehl ausstäuben und die Teigmasse einfüllen. Im auf 180 °C vorgeheizten Ofen 45–50 Minuten backen. Aus der Form stürzen, in Portionen schneiden und lauwarm servieren.

500 g Mehl
40 g Kartoffeln, in der Schale gekocht
2 Eier
20 g Frischhefe
80 ml Milch
220 g Butter
1 TL Salz
250 g Räucherlachs, in Scheiben
4 Zweige Dill, fein gehackt
4 Zweige Kerbel, fein gehackt

10 g Butter für die Form
10 g Mehl für die Form

Carpaccio von Lachs

Das Lachsfilet leicht anfrieren und dann mit einem scharfen Messer hauchdünn aufschneiden. Den krausen Blattsalat in kleine Zweige zupfen und auf die Teller auslegen. Den Lachs darauf anrichten, mit dem Kerbel bestreuen und wenig Salz und Pfeffer darübergeben.
Den Saft der Zitrone zusammen mit dem Olivenöl darüberträufeln. Mit einem Zweig Dill garnieren. Mit einer ofenwarmen Baguette servieren.

400 g Lachsfilet, ohne Gräten und Haut

1 Limone
60 ml Olivenöl
2 Zweige Kerbel, fein gehackt
Salz, weißer Pfeffer aus der Mühle

½ Kopf krauser Blattsalat
4 Zweige Dill

Räucherlachsrosen mit Kartoffel-Reibeküchlein

Die Kartoffeln schälen, fein reiben (Bircherraffel) und in die Mitte eines Tuchs geben. Den Kartoffelsaft auspressen. Die geriebenen Kartoffeln salzen und zu kleinen, dünnen Pfannkuchen formen, diese in der Butter goldgelb und knusprig ausbacken. Die Küchlein auf einem Küchenpapier abtropfen lassen.
Für die Salatsauce Essig und Öl mischen und mit Salz würzen.
Den Salat putzen und auf den oberen Tellerhälften als Bouquets anrichten. Die Reibeküchlein dazulegen, die Lachsscheiben zu Rosen aufgerollt daraufsetzen und den Sauerrahm dazu arrangieren. Mit den Dillzweigen garnieren.

4 mittlere Kartoffeln
30 g Butter
Salz

16 dünne Räucherlachsscheiben
4 Zweige Dill
4 EL Sauerrahm (Crème fraîche)

80 g diverse Salate: Radicchio, Feldsalat (Nüßlisalat), Spinatblätter, Kresse, Löwenzahn
2 Kirschtomaten

20 ml Weißweinessig
20 ml Olivenöl
20 ml Sonnenblumenöl
Salz

Räucherlachsterrine mit Joghurt

für eine 15 cm lange Form

Für die Masse die Gelatine in kaltem Wasser einweichen. Sobald sie elastisch ist, aus dem Wasser nehmen und zusammen mit wenig Wasser in ein kleines Pfännchen geben. Auf kleinem Feuer schmelzen lassen. Die flüssige Gelatine unter starkem Rühren unter den Joghurt mengen. Etwas erkalten lassen.

Die Terrineform mit wenig Wasser anfeuchten, mit Klarsichtfolie auslegen und den Boden dünn mit der Joghurtmasse ausgießen. Den Boden exakt mit einer Lage Räucherlachs belegen und wiederum mit einer dünnen Schicht Joghurtmasse bestreichen. Etwas erstarren lassen und den Vorgang wiederholen, bis die Terrineform aufgefüllt ist.

Mit Klarsichtfolie zudecken und für 4 Stunden in den Kühlschrank stellen.

Die Terrine aus der Form lösen und in ca. 1 cm breite Scheiben schneiden.

Für die Salatsauce Öl und Essig mischen und mit Salz würzen.

Den Salat putzen und auf den oberen Tellerhälften anrichten. Die Terrine dazu arrangieren, den Salat mit der Sauce beträufeln und mit einem Zweig Dill garnieren.

Joghurt-Masse:
300 ml Joghurt, nature
4 Blätter Gelatine

400 g Räucherlachs, in Scheiben

½ kleiner Kopf krauser Blattsalat
30 g Kresse
4 Zweige Dill

4 EL Olivenöl
2 EL Weißweinessig
Salz

Pariserbrot-Sandwich mit Schnittlauch-Frischkäse und Räucherlachs

Für den Schnittlauch-Frischkäse den Frischkäse zusammen mit der Milch cremig rühren. Den Schnittlauch daruntermengen.

Die Pariserbrote quer halbieren, beide Seiten mit dem Frischkäse bestreichen und den Boden mit den Salatblättern belegen. Den Räucherlachs und die Zwiebelscheiben darauf arrangieren, mit dem Brotdeckel zudecken und leicht andrücken.

4 kleine Pariserbrote, je ca. 20 cm lang
150 g Frischkäse
40 ml Milch
1 Bund Schnittlauch, fein geschnitten
8 Blätter Eisbergsalat

150 g Räucherlachs in Scheiben
1 kleine Zwiebel, in hauchdünne Scheiben geschnitten

Graved-Lachs mit Honig-Dill-Sauce und Kresse-Salat

Die Zutaten für die Honig-Dill-Sauce in eine Schüssel geben, gut vermengen und mit Salz würzen.
Die Zutaten für die Salatsauce gut verrühren und mit Salz und Pfeffer aus der Mühle würzen. Den Salat putzen und auf den oberen Tellerhälften als Bouquet anrichten.
Den Graved-Lachs auf die unteren Tellerhälften legen, die Sauce dazugießen und das Ganze mit einem Zweig Dill garnieren.

250 g Graved-Lachs
(siehe Rezept Seite 23)
20 g krauser Blattsalat
4 Blätter Radicchio-Salat
(Cicorino rosso)
30 g Kresse
4 Zweige Dill

Honig-Dill-Sauce:
3 EL Mayonnaise
1 EL Honig
1 TL Dill, fein gehackt
30 ml Sahne, geschlagen
Salz

Olivenöl-Salatsauce:
20 ml Weißweinessig
20 ml Sonnenblumenöl
20 ml Olivenöl
Salz
weißer Pfeffer aus der Mühle

Räucherlachs mit Blinis, Sauerrahm und Kaviar

Für die Blinis die beiden Mehlsorten in einer Schüssel mischen, in der Mitte eine Vertiefung formen. Die Hefe und den Zucker in der lauwarmen Milch auflösen, ein Viertel des Mehls beigeben und aufgehen lassen. Diesen Vorteig zusammen mit dem Ei und dem Salz zur restlichen Mehlmischung geben. Zu einem glatten, dickflüssigen Teig verrühren. Ca. 15 Minuten aufgehen lassen.
Wenig Butter in der Pfanne schmelzen, 2 Eßlöffel Hefeteig in die Pfanne geben und zu einem Blini ausbacken. Den Vorgang wiederholen, bis der ganze Teig aufgebraucht ist.
Die Blinis lauwarm auf die Teller anrichten, den Räucherlachs und den Sauerrahm dazu arrangieren und mit dem Dill garnieren.
Den Kaviar zum Sauerrahm geben.

Blinis:
40 g Mehl
50 g Buchweizenmehl
40 ml Milch
10 g Frischhefe
1 Ei
1 große Prise Zucker
Salz

30 g Butter
300 g Räucherlachs, in Scheiben
200 ml Sauerrahm (Crème fraîche)
4 Zweige Dill
50 g Kaviar, Ocietra

Graved-Lachs

1 Lachsseite, ohne Gräten

5 EL grobkörniges Meersalz
1 Bund Dill
grober schwarzer Pfeffer aus der Mühle

Den Lachs in eine flache Form legen, die auch in den Kühlschrank paßt. Den Lachs mit dem Meersalz bestreuen, den grob gehackten Dill darauf verteilen und den schwarzen Pfeffer darübermahlen. Mit Klarsichtfolie abdecken und mindestens 24 Stunden im Kühlschrank marinieren lassen.
Den Lachs aus der Form nehmen, einen Teil der Salz- und Dillkruste entfernen und den Fisch wie Räucherlachs schräg in dünne Scheiben schneiden.

Kalte Gurkensuppe mit Lachsstreifen und Avocado

Die Gurken kleinschneiden und zusammen mit der Gemüsebouillon im Mixer fein pürieren. Mit Salz und Pfeffer würzen und im Kühlschrank erkalten lassen.
Die Avocado schälen und in feine Spalten schneiden. Den Lachs in breite Streifen schneiden. Die Suppe in tiefe, vorgekühlte Teller gießen. Den Lachs, die Schalottenringe und die Avocadospalten als Einlage in die Suppe legen und mit einem Zweig Dill garnieren.

2 kleine Salatgurken
(je ca. 200 g)
100 ml Gemüsebouillon,
kalt
Salz, Pfeffer aus der Mühle

1 kleine Schalotte, in feine
Ringe geschnitten
1 kleine Avocado
150 g Räucherlachs
4 Zweige Dill

Lachstatar mit Salaten

Den Lachs mit Hilfe eines großen Messers fein hacken und in eine Schüssel geben. Olivenöl, Zwiebel, Dill und den Saft der Zitrone beigeben und gut mischen. Mit Salz und Pfeffer würzen.

Für die Salatsauce den Saft der Zitrone mit dem Olivenöl mischen und mit Salz würzen.

Die Salate putzen und auf den Tellern als Bouquets anrichten. Aus dem Lachstatar mit Hilfe zweier Eßlöffel vier längliche Klöße formen und zu den Salaten anrichten. Mit den Kräuterzweigen garnieren. Den Salat mit der Sauce beträufeln.

Lachstatar:
400 g Lachsfilet, ohne Haut und Gräten
1 kleine Zwiebel, fein gehackt
3 Zweige Dill, fein gehackt
40 ml Olivenöl
½ Zitrone
Salz, weißer Pfeffer aus der Mühle

1 Zitrone
60 ml Olivenöl
Salz

1 kleiner Kopf krauser Blattsalat
verschiedene Blattsalate wie Kopfsalat, Radicchio und Portulak

4 Zweige Kerbel
4 Zweige glatte Petersilie

Räucherlachsmousse im Kresse-Bett

Den Räucherlachs in kleine Würfelchen schneiden und zusammen mit der Milch im Cutter fein pürieren. Die Räucherlachsmasse durch ein Sieb in eine Schüssel streichen. Die Sahne und das Eiweiß nach und nach unter die Masse heben. Mit wenig Salz würzen. In eine Schale füllen, mit Klarsichtfolie abdecken und für mindestens 4 Stunden in den Kühlschrank stellen.
Den Kressesalat waschen und auf den Tellern auslegen. Mit Hilfe eines heißen Eßlöffels aus der Räucherlachsmasse längliche Klöße ausstechen und in das Kresse-Bett legen. Mit den Kirschtomatenhälften und dem Kerbel garnieren.
Für die Sauce die beiden Öle und den Essig mischen, mit Salz und Pfeffer würzen und über den Salat träufeln.

300 g Räucherlachs
100 ml Milch
200 ml Sahne, geschlagen
Salz
1 Eiweiß, geschlagen

100 g Kresse
6 Kirschtomaten
4 Zweige Kerbel

30 ml Weißweinessig
30 ml Olivenöl
30 ml Sonnenblumenöl
Salz, Pfeffer aus der Mühle

Gurkensalat mit Räucherlachs und Kartoffeln

Die Salatgurke längs halbieren, die Kerne entfernen und die Gurke in feine Scheiben schneiden. Zusammen mit dem Dill in eine Schüssel geben. Die Kartoffeln schälen, in dünne Scheiben schneiden. Die Zwiebel schälen, halbieren und in Scheiben schneiden. Kartoffeln und Zwiebel zusammen mit dem Essig und Öl zu den Gurken geben und gut mischen. Mit Salz und Pfeffer würzen. Den Räucherlachs in breite Streifen schneiden und unter den Salat mengen. Den krausen Blattsalat putzen, in Zweige zerlegen und auf den Tellern auslegen. Den Gurkensalat darauf anrichten und mit einem Zweig glatter Petersilie garnieren.

1 Salatgurke
3 Zweige Dill, fein gehackt

4 mittlere Kartoffeln, in der Schale gekocht
1 rote Zwiebel
40 ml Sonnenblumenöl
20 ml Weißweinessig
Salz, Pfeffer aus der Mühle
250 g Räucherlachs am Stück
½ Kopf krauser Blattsalat
4 Zweige glatte Petersilie

Sushi mit Räucherlachs

Den Reis in gesalzenem Wasser weichkochen.
Das Kochwasser abgießen und den Reis weiter garziehen lassen, so daß eine klebrige Reismasse entsteht. Den Reis in zwei verschiedenen Schalen verteilen. Die Salatgurke fein pürieren und in die eine Schale, den Wasabi in die andere geben. Jede der Reismassen gut mischen und mit Salz würzen. Die Spinatblätter für 10 Sekunden in kochendes Salzwasser tauchen. Kalt abschrecken und abtropfen lassen. Die Yaki-Nori-Blätter auf eine Bambusmatte oder ein starkes Küchentuch legen.
Die Wasabi-Reismasse dünn darauf ausstreichen. Zuerst die Räucherlachsscheiben und dann die Spinatblätter darauf auslegen, die Gurken-Reismasse darauf ausstreichen und die Lachsstreifen quer darauflegen. Vorsichtig das Yaki-Noriblatt einrollen und leicht andrücken. Mit einem scharfen Messer 1,5–2 cm breite Sushi schneiden.
Auf die Teller anrichten, die Teriyaki-Sauce dazugeben.

200 g japanischer Reis
50 ml Sake (Reiswein)
Salz

½ Salatgurke
1 TL Wasabi (japanische grüne Meerrettichpaste)
50 g Spinatblätter, entstielt
150 g Räucherlachsscheiben
100 g Räucherlachs in 1 cm breiten und 1 cm dicken, ca. 15 cm langen Streifen

3–4 Yaki-Nori (geröstete Seetangblätter)
4 EL süß-saure Teriyaki-Sauce

Lachs in Sesam paniert mit süß-saurem Gemüse

Die Paprika halbieren, entkernen und in Würfel schneiden. Die Shitake-Pilze in Scheiben schneiden. Den Porree längs halbieren, waschen und in Streifen schneiden.

Die Gemüse und Pilze in der Butter und im Sesamöl andünsten. Den Essig, Zucker, das Kurkumapulver und den Ingwer beigeben und aufkochen. Die Gemüsebouillon mit der Stärke anrühren und zu den Gemüsen gießen. Aufkochen und mit Salz und Pfeffer aus der Mühle würzen.

Die Lachsschnitzel mit Salz würzen, im Mehl wenden und durchs Ei ziehen. Paniermehl und Sesamkörner mischen. Den Lachs aus der Eimasse nehmen und im Paniermehl andrücken. In der heißen Olivenöl-Buttermischung auf beiden Seiten goldgelb braten.

Die Gemüse auf die Mitte der Teller anrichten, die Lachsschnitzel darauflegen und mit einem Zweig Dill und glatter Petersilie garnieren.

1 gelbe Paprika
100 g Shitake-Pilze
100 g Porree (Lauch)
100 g Sojasprossen
1 Zwiebel, feingehackt

20 g Butter
1 TL Sesamöl
40 ml Weißweinessig
40 g Zucker
2 TL Ingwerpulver
¼ TL Kurkumapulver (Gelbwurz)
140 ml kräftige Gemüsebouillon
½ TL Speisestärke
Salz, Pfeffer aus der Mühle

8 Lachsschnitzel, (je 50 g)
30 g Mehl, Salz
2 Eier, verquirlt
80 g Paniermehl
4 EL helle Sesamkörner
20 ml Olivenöl
20 g Butter
4 Zweige Dill
4 Zweige glatte Petersilie

Grillierter Graved-Lachs mit Salaten

Die Salate putzen und auf die oberen Tellerhälften anrichten. Essig und Öl für die Sauce mischen und mit Salz und weißem Pfeffer aus der Mühle würzen.
Den Graved-Lachs auf einer Seite mit Olivenöl bestreichen und kurz auf dem heißen Grill ein Muster zeichnen. Das heißt, nur einen kleinen Augenblick grillen, damit der Graved-Lachs nicht austrocknet.
Den Lachs zum Salat arrangieren, den Salat mit der Sauce beträufeln und mit einem Zweig Dill, einem Limonenschnitz und einer Kirschtomate garnieren.

1 kleiner Kopfsalat
30 g Schnittsalat
20 g Portulak-Salat

Sherry-Sauce:
20 ml Sherry-Essig
40 ml Sonnenblumenöl
Salz, weißer Pfeffer aus der Mühle

4 Tranchen Graved-Lachs, je 40 g
(im Handel gekauft oder selbst zubereitet, Rezept siehe Seite 23)
4 Zweige Dill
1 Limone
4 Kirschtomaten

BILD SEITE 34: GRILLIERTER GRAVED-LACHS MIT SALATEN

叉燒飽
宮保蝦仁
揚州炒飯
香米
揚州炒飯
蛇羹
糯米

Lachs-Teriyaki mit Reis

Die Zutaten der Marinade in eine Schüssel geben und gut vermengen. Die Lachsfilettranchen darin wenden und mit der restlichen Marinade auf ein Kuchenblech geben. Für mindestens 3 Stunden kühl stellen und den Fisch währenddessen mehrmals in der Marinade wenden.
Eine Teflonpfanne erhitzen und die Lachsstücke in die Pfanne legen. Die Pfanne vom Herd ziehen und den Lachs langsam garziehen lassen.
Die Lachsfilets nebeneinander auf die Teller anrichten und mit einem Zweig Dill garnieren. Den Reis über Dampf erhitzen, mit Salz würzen und in Schalen anrichten. Die Teriyaki-Sauce separat als Dip servieren.

Teriyaki-Marinade:
200 ml Sojasauce
50 ml Sake (Reiswein)
50 ml Orangensaft
20 g Zucker
2 Knoblauchzehen, gepreßt
2 TL Ingwer, frisch gehackt

12 Lachsfilettranchen, je ca. 40 g, ohne Haut und Gräten

250 g japanischer Reis, gekocht
Salz

100 ml süß-saure Teriyaki-Sauce
4 Zweige Dill

BILD SEITE 35: LACHSTERIYAKI MIT REIS

Gratin von Lachs mit Sauerampfer

Den Sauerampfer grob hacken und mit der Sahne im Mixer fein pürieren. In einer kleinen Schale mit der geschlagenen Sahne und dem Eigelb mischen, salzen.
Tiefe Gratinteller mit Olivenöl ausstreichen, den 2–3 mm dick geschnittenen Lachs in die Teller legen. Die Sauerampfermasse darüber verteilen und den Fisch im Ofen auf oberster Rille bei starker Oberhitze überbacken. Mit einem Zweig Dill garnieren.
Die Salzkartoffeln in der Butter schwenken, mit Salz würzen und auf einem separaten Teller anrichten.

2 Bund Sauerampfer
100 ml Sahne
2 Eigelb
50 ml Sahne, geschlagen
Salz

400 g Lachsfilet, ohne Haut und Gräten
20 ml Olivenöl

12 Salzkartoffeln, gekocht
20 g Butter
Salz

4 Zweige Dill

Spaghettini mit Räucherlachs und Schalotten

Die Spaghettini zusammen mit dem Salz und dem Olivenöl in viel Wasser „al dente" kochen. Kalt abschrecken und in einem Sieb abtropfen.

Die Schalotten im Olivenöl andünsten, die Sahne und die Spaghettini beigeben und gut vermengen. 2 Minuten köcheln lassen. Den Kerbel und die Räucherlachsstreifen beigeben und gut vermengen. Mit Salz und Pfeffer aus der Mühle würzen.

In tiefe Teller anrichten und mit je einem Zweig Kerbel und Dill garnieren.

TIP: Den Lachs zu allerletzt beigeben und nicht mehr aufkochen, damit er nicht austrocknet und brüchig wird.

400 g Spaghettini
20 ml Olivenöl
Salz

3 Schalotten, fein gehackt
30 ml Olivenöl
150 ml Sahne
2 Zweige Kerbel, fein gehackt
200 g Räucherlachs, in Streifen geschnitten
Salz, Pfeffer aus der Mühle

4 Zweige Kerbel
4 Zweige Dill

Lachs auf Linsen mit Sherry-Specksauce

Die Linsen in leicht gesalzener Gemüsebouillon weichkochen. Die Schalotten in der Butter andünsten und die abgetropften Linsen beigeben. Gut umrühren und mit Salz und Pfeffer würzen. Für die Sauce den Speck in feinste Streifen schneiden. Die Schalotten in der Butter andünsten, den Speck beigeben und goldgelb braten. Den Sherry und die Sahne dazugießen und auf kleinem Feuer zu einer leichten, sämigen Sauce einkochen. Mit Salz und Pfeffer würzen. Die Lachstranchen mit Salz würzen und im heißen Olivenöl auf beiden Seiten kurz anbraten. Bei schwacher Hitze rosa garziehen lassen.

Das Linsengemüse auf die Mitte der Teller häufen, die Lachstranchen schräg daranlegen und mit der Sauce umgießen. Mit einem Zweig glatter Petersilie garnieren.

Linsengemüse:
60 g braune Linsen
2 Schalotten, fein gehackt
20 g Butter
200 ml Gemüsebouillon
Salz, Pfeffer aus der Mühle

Sherry-Specksauce:
2 Schalotten, fein gehackt
20 g Butter
60 g Frühstücksspeck in Scheiben
4 cl Sherry
200 ml Sahne
Salz, Pfeffer
8 Lachstranchen, je ca. 60 g
Salz
20 ml Olivenöl

4 Zweige glatte Petersilie

Lasagne von Lachs mit Spinat und Tomaten

12 weiße Lasagneblätter
12 grüne Lasagneblätter
20 ml Olivenöl
Salz

200 g Spinatblätter, entstielt
20 ml Olivenöl
2 Knoblauchzehen

200 ml Tomatensauce (siehe Rezept Seite 90)
150 ml Béchamelsauce (siehe Rezept Seite 95)

120 g Porree (Lauch)
120 g Stangensellerie
20 ml Olivenöl

100 g Parmesan, frisch gerieben
40 g Butter, in Flocken

500 g Lachsfilet, ohne Haut und Gräten
Salz

Die Teigblätter zusammen mit dem Salz und dem Olivenöl in viel Wasser „al dente“ kochen. Kalt abschrecken und gut abtropfen lassen.
Den Knoblauch im Olivenöl andünsten, den Spinat beigeben und mitdünsten, mit Salz würzen.
Die Tomaten- und Béchamelsauce zubereiten.
Den Porree und den Sellerie in kleinste Würfelchen schneiden und im Olivenöl andünsten. Den Lachs in ca. 1 cm breite Tranchen schneiden, salzen.
Die Gratinform mit Olivenöl ausstreichen und mit den Teigblättern auslegen. Den Spinat darauf verteilen, mit einer Lage Lachs abdecken, das Porree-/Sellerie-Gemüse darauf verteilen. Zuerst mit Tomatensauce überziehen, dann mit etwas Béchamelsauce. Zuletzt mit dem Parmesan bestreuen und mit einer neuen Lage Teigblätter abdecken. Den Vorgang wiederholen. Zuletzt mit Béchamelsauce bedecken, mit Parmesan bestreuen und mit Butterflocken belegen. Im auf 200 °C vorgeheizten Ofen 15 Minuten überbacken.

Lachsfilet in Olivenöl gebraten mit Citrus-Vinaigrette

Die Citrus-Vinaigrette zubereiten. Die Lachsfilets mit Olivenöl bestreichen, mit Salz würzen und im heißen Olivenöl auf beiden Seiten kurz, aber stark anbraten. Bei schwacher Hitze rosa garziehen lassen.
Die Citrus-Vinaigrette auf der Mitte der Teller anrichten, die Lachsfilets darauf legen und mit den Kräuterzweigen garnieren.
Nach Belieben Trockenreis dazu servieren.

4 Lachsfilets, je ca. 130 g, ohne Haut und Gräten
Salz
3 EL Olivenöl

250 ml Citrus-Vinaigrette
(Rezept siehe Seite 91)

4 Zweige Dill
4 Zweige glatte Petersilie
4 Zweige Koriander

Gebratener Lachs auf Tomaten-Basilikumsauce

Für die Sauce den Weißwein, die Sahne und die Bouillon in eine Pfanne geben und auf kleinem Feuer zu einer leichten, sämigen Sauce einkochen.
Die Tomaten oben kreuzweise einschneiden, den Strunk entfernen und kurz in kochendes Wasser tauchen. Die Tomaten kalt abschrecken, schälen, halbieren und das Innere entfernen. Die Tomaten in kleine Würfelchen schneiden. Das Basilikum in feinste Streifen schneiden und zusammen mit den Tomatenwürfelchen in die Sauce legen. Vorsichtig verrühren und mit Salz würzen.
Den Lachs mit Salz würzen und im heißen Olivenöl braten. Die Sauce auf der Mitte der Teller anrichten, die beiden Fischfilets jeweils schräg aneinanderlegen, die heißen Salzkartoffeln dazu arrangieren und mit den Kräuterzweigen und den Basilikumblättern garnieren.

8 Lachsfilets, je ca. 60 g, ohne Haut und Gräten
Salz
20 ml Olivenöl

Tomaten-Basilikumsauce:
80 ml Weißwein, trocken
150 ml Sahne
80 ml Gemüsebouillon

3 Tomaten
1 Bund Basilikum
Salz

12 Salzkartoffeln, gekocht
4 Zweige Kerbel
4 Zweige Dill
8 Blätter Basilikum

Lachsstrudel mit Basilikumschaum

Für den Strudelteig das Mehl mit dem Salz, dem Wasser und dem Öl in eine Schüssel geben und gut vermengen. Zu einem glatten, geschmeidigen Teig kneten.
Für die Füllung den Wirsing in feine Streifen schneiden und zusammen mit der Sahne auf kleinem Feuer cremig kochen. Mit Salz würzen. Erkalten lassen.
Den Strudelteig dünn auswallen, den Handrücken mit Mehl bestäuben, unter den Teig greifen und den Strudelteig vorsichtig dünn ausziehen. Auf ein bemehltes Tuch auslegen, mit der Wirsingmasse und dem gesalzenen Lachsfilet belegen. Den Strudel aufrollen, die Enden einschlagen. Mit Eigelb bestreichen und im auf 200 °C vorgeheizten Ofen 20 Minuten goldgelb backen.
Die Sahne und die Crème double zur Hälfte einkochen, das Basilikum beigeben und mit dem Mixer fein pürieren. Die Eigelbe und die geschlagene Sahne dazugeben und mit Salz würzen. Unter kräftigem Rühren schaumig und heißrühren.
Den Strudel in Stücke schneiden, auf die Teller anrichten und mit dem Basilikumschaum umgießen. Mit einem Blatt Basilikum garnieren.

Strudelteig:
120 g Mehl
½ TL Salz
40 ml Wasser
20 ml Olivenöl

Strudelfüllung:
200 g Wirsing
100 ml Sahne
400 g Lachsfilet, ohne Haut und Gräten
Salz
1 Eigelb
4 Blättchen Basilikum

Basilikumschaum:
2 Bund Basilikum
100 ml Crème double (Doppelrahm)
100 ml Sahne
50 ml Sahne, geschlagen
2 Eigelb
Salz

Lachsschnitzel auf Champagner-Risotto mit grünen Spargeln

Die Zwiebel im Olivenöl andünsten, den Reis beigeben und kurz mitdünsten. Mit dem Champagner ablöschen, die Bouillon dazugießen und auf kleinem Feuer unter stetem Rühren köcheln lassen.
Die Spargeln schälen, in 3 cm lange Stücke schneiden und diese nach 10 Minuten Kochzeit zum Reis geben.
Nach weiteren 10 Minuten die Sahne und die Butter unter den Reis rühren. Mit Salz und Pfeffer aus der Mühle würzen.
Die Lachsschnitzel mit Salz würzen und ganz kurz im heißen Olivenöl wenden. Den Risotto auf die oberen Tellerhälften anrichten. Die Lachsschnitzel dazu arrangieren und mit dem Dill und der Petersilie garnieren.

12 Lachsschnitzel,
je ca. 30 g
Salz
30 ml Olivenöl

Champagner-Risotto mit grünen Spargeln:
1 Zwiebel, fein gehackt
20 ml Olivenöl
140 g unglasierter Reis
50 ml Champagner
500 ml Geflügelbouillon
12 grüne Spargeln
50 ml Sahne, geschlagen
40 g Butter
Salz, Pfeffer aus der Mühle

4 Zweige Dill
4 Zweige glatte Petersilie

Kartoffel-Gnocchi mit Räucherlachs

Die Gnocchi zubereiten. Die Sahne zusammen mit dem Kerbel um ein Drittel einkochen und mit Salz und Pfeffer würzen.
Den Räucherlachs in Streifen schneiden und unter die Sauce mengen, ohne sie wieder aufzukochen.
Die Gnocchi in der Butter schwenken und mit Salz würzen. Die Kerbelsauce mit dem Räucherlachs auf tiefe Teller verteilen, die Kartoffel-Gnocchi darauf anrichten und mit einem Zweig Kerbel garnieren.

600 g Kartoffel-Gnocchi
(siehe Rezept Seite 88)
20 g Butter
Salz

150 ml Sahne
4 Zweige Kerbel, fein gehackt
Salz, Pfeffer aus der Mühle

200 g Räucherlachs, in Scheiben
4 Zweige Kerbel

Lachs mit Kräutern geschmort mit Reis

Den Lachs mit Salz würzen und mit den Kräutern belegen. Die Gemüsebouillon in eine Gratinplatte gießen, den Lachs hineinlegen, mit einer Alufolie abdecken und im auf 180 °C vorgeheizten Ofen während 20 Minuten schmoren (garziehen) lassen. Die Lachsfilets auf die eine Hälfte der Teller anrichten.
Den Reis im Olivenöl schwenken, mit Salz würzen und auf die anderen Tellerhälften anrichten. Mit einem Blatt Petersilie garnieren.

4 Lachsfilets, je ca. 130 g, ohne Haut und Gräten
Salz, weißer Pfeffer aus der Mühle

1 Bund Dill
1 Bund Kerbel
8 Zweige glatte Petersilie
8 Zweige frischer Koriander

80 ml Gemüsebouillon

300 g gekochter, weißer Reis
40 ml Olivenöl
Salz
4 Blätter glatte Petersilie

Piccata von Lachs mit Oliven-Spaghettini

Die Spaghettini in gesalzenem Wasser „al dente“ kochen, kalt abschrecken und in einem Sieb abtropfen. Die Oliven in Streifen schneiden. Die Spaghettini im heißen Olivenöl schwenken, die Olivenstreifen und die Petersilie beigeben, gut umrühren und mit Salz würzen.
Für die Sauce die Thymianblättchen von den Zweigen streifen, grob hacken und zusammen mit der Bouillon und der Sahne in ein Pfännchen geben und auf kleinem Feuer zu einer leichten, sämigen Sauce einkochen. Mit Salz würzen.
Die Eier und den Käse vermengen. Die Lachsschnitzel mit Salz würzen, im Mehl wenden, durch die Eimasse ziehen und im heißen Olivenöl auf beiden Seiten goldgelb braten. Aus der Pfanne heben und auf die unteren Tellerhälften anrichten. Die Oliven-Spaghettini auf die oberen Tellerhälften anrichten. Mit der Sauce umgießen und mit den Kräuterzweigen garnieren.

8 Lachsschnitzel,
je ca. 50 g
Salz

250 g Spaghettini
40 ml Olivenöl
12 schwarze Oliven,
entsteint
2 Zweige glatte Petersilie,
fein gehackt
Salz

100 ml Gemüsebouillon
150 ml Sahne
3 Zweige Thymian
Salz

2 Eier, verquirlt
30 g Parmesan, gerieben
3 EL Mehl
40 ml Olivenöl

4 Zweige Dill
4 Zweige glatte Petersilie

Lachs vom Grill auf Kartoffelpüree mit Olivenöl und Knoblauch

Für die Limonensauce Limonensaft, Sahne und Gemüsebouillon in eine kleine Pfanne geben und auf kleinem Feuer zu einer leichten, sämigen Sauce einkochen. Mit Salz würzen. Die geschlagene Sahne unter Rühren in die Sauce mischen und aufschäumen lassen.
Für das Kartoffelpüree die Kartoffeln kleinschneiden und in gesalzenem Wasser weichkochen. Das Kochwasser abgießen, die Kartoffeln durch ein Passevite treiben (pürieren). Die Milch und die Sahne aufkochen, die Butter, das Olivenöl und die passierten Kartoffeln beigeben. Mit einem Holzlöffel kräftig durchrühren und mit Salz und Knoblauch würzen.
Den Porree schräg in Scheiben schneiden, im Mehl wenden, im heißen Öl goldgelb und knusprig ausbacken und auf einem Küchenpapier abtropfen lassen.
Die Lachsfilets mit Salz würzen, im Olivenöl wenden und auf dem heißen Grill auf beiden Seiten grillen.
Das Kartoffelpüree auf die Mitte der Teller anrichten, die beiden Lachsfilets schräg daranlegen und mit einem Zweig Dill garnieren. Mit der Limonensauce umgießen und den gebackenen Porree rundumstreuen.

8 Lachsfilets, je ca. 60 g
Salz
20 ml Olivenöl

Limonensauce:
4 Limonen, Saft
150 ml Sahne
100 ml Gemüsebouillon
50 ml Sahne, geschlagen
Salz

Kartoffelpüree:
800 g Kartoffeln, geschält
100 ml Milch
100 ml Sahne
20 g Butter
40 ml Olivenöl
½ Knoblauchzehe, gepreßt
Salz

1 Porreestange (Lauchstange)
30 g Mehl
200 ml Öl zum Ausbacken

4 Zweige Dill

Sauerampfersuppe mit Lachs

Den Sauerampfer grob hacken. Die Schalotten in der Butter andünsten, den Sauerampfer beigeben und kurz mitdünsten. Bouillon, Milch und Sahne dazugießen und aufkochen. 10 Minuten köcheln lassen und mit dem Mixer fein pürieren. Durch ein Sieb passieren und mit Salz würzen. Die geschlagene Sahne beigeben und aufschäumen lassen. Den Lachs in Streifen schneiden und in die Suppentassen geben. Mit der heißen Suppe auffüllen und mit einem Zweig Dill garnieren.

3 Bund Sauerampfer
2 Schalotten, fein gehackt
20 g Butter

100 ml Gemüsebouillon
100 ml Milch
200 ml Sahne
Salz
50 ml Sahne, geschlagen

150 g Lachsfilets, ohne Haut und Gräten
4 Zweige Dill

Lachsfilets mit Meerrettichkruste in Wodka-Bouillon

Für die Meerrettichkruste die Butter schaumig rühren, den geriebenen Meerrettich und das Paniermehl beigeben und gut vermengen. Mit Salz und Pfeffer würzen.
Den Lachs mit Salz würzen, die Meerrettichmasse auf den Lachsfilets verteilen, mit den Butterflocken belegen und unter starker Oberhitze überbacken und zugleich garziehen lassen.
Den Porree schräg in schmale Scheiben schneiden und über Dampf garen.
Den Couscous anfeuchten und über Dampf garen.
Für die Bouillon Orangensaft, Wodka, Saft der Limone und Olivenöl aufkochen. Mit Salz und Pfeffer würzen.
Den Lauch und den Couscous in tiefe Teller legen, die Lachsfilets darauf anrichten und mit der Wodka-Bouillon auffüllen.
Mit der Petersilie und dem Dill garnieren.

400 g Lachsfilets,
je ca. 100 g
Salz

6 TL frisch geriebener Meerrettich
80 g Butter
120 g helles Paniermehl
20 g Butter

Wodka-Bouillon:
80 ml Orangensaft, frisch gepreßt
6 cl Wodka
1 Limone, Saft
30 ml Olivenöl
Salz, Pfeffer aus der Mühle

100 g Porree (Lauch)
100 g Couscous
4 Zweige Dill
4 Zweige glatte Petersilie

Lachs-Hamburger mit Safrannudeln und Brokkoli

Für den Burger das Lachsfleisch fein hacken oder durch die mittlere Scheibe des Fleischwolfs drehen. Den Lachs in eine Schüssel geben, die verquirlten Eier und das Paniermehl beigeben und gut vermengen. Mit Zitronensaft, Salz, Pernod und Pfeffer würzen. Aus der Masse Hamburger formen, auf ein gefettetes Blech legen und zugedeckt in den Kühlschrank stellen.

Für die Sauce die Sahne, den Zitronensaft und die Fischbouillon auf die Hälfte einkochen. Whiskey und Vermouth beigeben und mit Salz würzen.

Die Brokkoliröschen in gesalzenem Wasser weich kochen.

Die Nudeln in gesalzenem Wasser „al dente" kochen, kalt abschrecken und in ein Sieb gießen.

Die 20 ml Olivenöl erhitzen, Nudeln beigeben und mit Salz und Safran würzen. Die 40 ml Olivenöl erhitzen und die Burger beidseitig anbraten. Pfanne vom Herd nehmen und die Lachs-Hamburger gar ziehen lassen.

Die Nudeln auf die oberen Tellerhälften, die Burger auf die unteren Tellerhälften anrichten, die Sauce um die Burger gießen, die Brokkoliröschen dazu arrangieren und mit einem Zweig glatter Petersilie, Dill und einer Limonenhälfte garnieren.

Lachs-Hamburger:
500 g Lachsfilet, ohne Haut und Gräten
2 Eier, verquirlt
40 g Paniermehl
1 Zitrone, Saft
Salz, weißer Pfeffer
1 TL Pernod
40 ml Olivenöl

Safrannudeln:
200 g Safrannudeln
20 ml Olivenöl
¼ TL Safranpulver
Salz

400 g Brokkoli, in Röschen

Manhattan-Cocktailsauce:
150 ml Fischbouillon
200 ml Sahne
½ Zitrone, Saft
4 cl Whiskey
2 cl Vermouth Martini
Salz
4 Zweige Dill
4 Zweige glatte Petersilie
2 Limonen

Lachs und Seeteufel aus dem Sojadampf

Für die Vinaigrette sämtliche Zutaten in einer Schüssel vermengen und mit Salz würzen.
Die Gemüse putzen, in feine Streifchen schneiden und zusammen mit der Petersilie auf dem Bamboo-Steamer auslegen. Die mit Salz gewürzten Lachs- und Seeteufelfilets darauflegen und zudecken.
Für den Sojadampf sämtliche Zutaten in die Pfanne geben und aufkochen. Den Bamboo-Steamer daraufsetzen und die Gemüse und den Fisch über Dampf garen.
Die Gemüsestreifen auf die Mitte der Teller setzen, die Fischstücke darauf anrichten und mit der Vinaigrette umträufeln. Mit einem Zweig Dill garnieren.

4 Lachsfilets, je ca. 50 g
4 Seeteufelfilets, je ca. 40 g
Salz

100 g Sojasprossen
1 Karotte
2 Zucchini
120 g Stangensellerie
2 Zweige glatte Petersilie, fein gehackt

Sojadampf:
40 ml Sojasauce
200 ml Wasser

Asiatische Vinaigrette:
2 Zweige Koriander, fein gehackt
30 ml Weißweinessig
60 ml Sonnenblumenöl
2 TL Sesamöl
2 Schalotten, fein gehackt
Salz

Bild Seite 58: Lachs und Seeteufel aus dem Sojadampf

Lachs auf Pfifferlingsauce mit Basilikum-Gnocchi

Die Pfifferlinge putzen. Größere Stücke halbieren oder vierteln. Die Schalotten im Olivenöl andünsten, die Pfifferlinge beigeben und mitdünsten. Mit dem Weißwein ablöschen, die Sahne dazugießen und zu einer sämigen, leichten Sauce einkochen. Die Thymianblättchen von den Zweigen abstreifen und die Sauce damit und mit Salz würzen. Die geschlagene Sahne darunterrühren und die Sauce aufkochen.
Das Basilikum in feinste Streifen schneiden. Die Gnocchi in der heißen Butter schwenken und mit Salz und Basilikumstreifen würzen.
Den Lachs mit Salz würzen und im heißen Olivenöl scharf anbraten. Bei schwacher Hitze garziehen lassen.
Die Sauce auf den vorderen Tellerhälften ausgießen und den Lachs darauf legen. Die Basilikum-Gnocchi auf die oberen Tellerhälften anrichten. Mit einem Blatt Basilikum und einem Zweig Dill garnieren.

4 Lachsfilets, je ca. 130 g
Salz, Pfeffer aus der Mühle

200 g Kartoffel-Gnocchi
(Rezept siehe Seite 88)
½ Bund Basilikum
20 g Butter
Salz

Pfifferlingsauce:
200 g Pfifferlinge
20 ml Olivenöl
1 Schalotte, fein gehackt
40 ml Weißwein
100 ml Sahne
50 ml Sahne, geschlagen
2 Zweige Thymian
Salz

4 Zweige Dill
4 Blätter Basilikum

Bild Seite 59: Lachs auf Pfifferlingsauce mit Basilikum-Gnocchi

Lachs und Riesenkrevetten auf Peperonata-Gemüse

4 Lachsfilets, je ca. 50 g
8 Riesenkrevetten, ohne Schale
40 ml Olivenöl
Salz, Pfeffer aus der Mühle

1 gelbe Paprika
1 rote Paprika
1 grüne Paprika
100 g Zucchini
100 g Auberginen
4 Tomaten
30 ml Olivenöl
1 Zwiebel, fein gehackt
½ Knoblauchzehe, gepreßt
120 ml Fleischbouillon
2 Zweige Thymian
Salz, Pfeffer aus der Mühle

12 kleine, junge Kartoffeln, in der Schale gekocht
20 ml Olivenöl
Salz

4 Zweige Rosmarin

Die Paprika halbieren, entkernen und in kleine Würfelchen schneiden. Die Zucchini und die Auberginen in kleine Würfel schneiden. Die Tomaten oben kreuzweise einschneiden, den Strunk entfernen und kurz in kochendes Wasser tauchen. Kalt abschrecken, die Tomaten schälen, halbieren und das Innere entfernen. Die Tomaten in kleine Würfel schneiden.

Das Olivenöl erhitzen und die Zwiebeln, Knoblauch und die Gemüse darin andünsten. Die Tomatenwürfel und die Bouillon dazugeben. Auf kleinem Feuer 10 Minuten köcheln lassen. Mit Salz, Pfeffer und Thymianblättern würzen.

Die Kartoffeln im heißen Olivenöl schwenken und mit Salz würzen.

Die Riesenkrevetten und die Lachsfilets mit Salz und Pfeffer aus der Mühle würzen und im heißen Olivenöl anbraten und garziehen lassen.

Das Peperonata-Gemüse auf die Mitte der Teller verteilen, die Riesenkrevetten und die Lachsfilets darauf anrichten. Die Kartoffeln dazu arrangieren und mit einem Zweig Rosmarin garnieren.

Bild Seite 62: Lachs und Riesenkrevetten auf Peperonata-Gemüse

Pot au feu von Lachs im Orangen-Sauternes-Sud

Den Porree, die Karotten und den Stangensellerie in feine Streifen schneiden. Die Kartoffeln halbieren und in gesalzenem Wasser weichkochen.
Gemüsebouillon, Sauternes und Orangensaft aufkochen und die Gemüse darin knackig kochen. Mit Salz und Pfeffer würzen. Die Lachswürfel und die Riesenkrevetten mit Salz würzen, in den Sud legen und bei schwacher Hitze garziehen lassen.
Den Lachs, die Riesenkrevetten, die Gemüse und die Kartoffeln auf tiefe Teller anrichten und mit dem Sud übergießen. Mit einem Zweig Dill garnieren.

12 Lachswürfel, je ca. 30 g
4 Riesenkrevetten
Salz

80 g Porree (Lauch)
2 kleine Karotten, geschält
80 g Stangensellerie
6 kleine Kartoffeln, geschält

100 ml Gemüsebouillon
100 ml Sauternes (süßer, weißer Bordeauxwein)
100 ml Orangensaft, frisch gepreßt
Salz, Pfeffer aus der Mühle

4 Zweige Dill
4 Zweige Kerbel

BILD SEITE 63: POT AU FEU VON LACHS IM ORANGEN-SAUTERNES-SUD

Rotbarsch und Lachs auf Porreegemüse mit Ingwer und Honig

Den Porree in feine Streifen schneiden, waschen und in der Butter andünsten. Das Mehl darüberstäuben, gut umrühren und die Sahne dazugießen. Auf kleinem Feuer zu einer cremigen Lauchmasse einkochen. Mit Honig, Ingwer und Salz würzen.

Für die Sauce die Rote Beten schälen, kleinschneiden und zusammen mit der Bouillon und der Sahne aufkochen. Im Mixer fein pürieren, durch ein Sieb passieren und mit Salz würzen.

Die Fischfilets mit Salz würzen und im heißen Olivenöl auf beiden Seiten kurz anbraten. Bei schwacher Hitze garziehen lassen.

Das Porreegemüse auf die Mitte der Teller anrichten, jeweils je ein Fischfilet darauflegen. Mit der Rote-Bete-Sauce umgießen. Mit Dill und Schnittlauch garnieren.

Porreegemüse:
400 g Porree (Lauch)
20 g Butter
1 TL Mehl
100 ml Sahne
2 TL Honig
1 TL Ingwer, fein gerieben
Salz

4 Lachsfilets, je ca. 60 g
4 Rotbarschfilets, je ca. 60 g
Salz
20 ml Olivenöl

Rote Bete-Sauce/ Randensauce:
150 g Rote Beten/Randen
100 ml Gemüsebouillon
120 ml Sahne
Salz
4 Zweige Dill
1 Bund Schnittlauch, geschnitten

Pfeffer-Lachs mit Bratkartoffeln und Spargeln

Die Kartoffeln schälen, in Scheiben schneiden und im Olivenöl und der Butter goldgelb braten. Mit Salz würzen. Das hintere Drittel der Spargeln schälen, die Spargeln in 3–4 cm lange Stücke schneiden und über Dampf weichgaren.
Für die Sauce den Knoblauch mit dem Quark vermengen und mit Salz würzen.
Die Lachstranchen mit dem Pfeffer bestreuen, mit Salz würzen und im heißen Olivenöl auf beiden Seiten stark anbraten. Vom Feuer ziehen und rosa garziehen lassen.
Die Bratkartoffeln auf die oberen Tellerhälften anrichten, auf der einen Seite die Spargelstücke dazulegen, auf der anderen Seite die Quarksauce.
Die Lachstranchen auf den unteren Tellerhälften anrichten und mit den Kräuterzweigen garnieren.

4 große Kartoffeln, in der Schale gekocht
40 ml Olivenöl
20 g Butter
Salz

12 grüne Spargeln

120 g Rahmquark (Sahnequark)
2 Knoblauchzehen, gepreßt
Salz

4 Lachstranchen, ohne Haut und Gräten
4 EL grob, gemahlener schwarzer Pfeffer
Salz
20 ml Olivenöl

4 Zweige glatte Petersilie
4 Zweige Dill

Lachsklößchen mit Champagnersauce und Gemüsen

Für die Klößchen den Lachs kleinschneiden und zusammen mit den Eiweiß im Cutter fein pürieren. Mit Salz, Pfeffer und Zitronensaft würzen. Die Sahne vorsichtig darunterheben und die Lachsmasse für 1 Stunde in den Kühlschrank stellen.
Die Gemüse putzen, die Zucchini längs halbieren und alles über Dampf weichgaren, mit Salz würzen.
Für die Sauce den Champagner zusammen mit der Fischbouillon und der Sahne zu einer leichten, sämigen Sauce einkochen. Mit Salz würzen, zuletzt die geschlagene Sahne beigeben und unter starkem Rühren aufschäumen lassen.
Die Fischbouillon auf den Siedepunkt bringen. Mit Hilfe zweier Eßlöffel längliche Klöße aus der Masse formen und in die siedende Bouillon legen. Die Klöße während ca. 6–8 Minuten garziehen lassen. Aus der Bouillon heben, gut abtropfen und auf die Teller anrichten. Die Gemüse dazu arrangieren und mit der Champagnersauce überziehen. Mit den Kräuterzweigen garnieren.

Lachsmasse:
400 g Lachsfilet, ohne Haut und Gräten
3 Eiweiß
150 ml Sahne, geschlagen
1 Zitrone
Salz, weißer Pfeffer aus der Mühle

8 junge Karotten
4 kleine Fenchelknollen
4 kleine Zucchini

Champagnersauce:
150 ml Fischbouillon
100 ml Champagner
150 ml Sahne
Salz
50 ml Sahne, geschlagen

400 ml Fischbouillon

12 Zweige Kerbel
4 Zweige Dill

Lachs-Pizza mit grünem Spargel

Den Pizzateig dünn, rund auswallen, mit der Tomatensauce bestreichen und die Stangenselleriewürfelchen darauf ausstreuen. Den Lachs in 4–5 gleichgroße Würfel schneiden, mit Salz würzen und auf dem Teigboden auslegen. Die Spargelspitzen darauflegen und die Pizza mit dem Parmesan und dem Mozzarella bestreuen. Mit dem Olivenöl beträufeln und im auf 200 °C vorgeheizten Ofen in 15–20 Minuten goldgelb backen. Mit Dill garnieren.

Zutaten für 1 Pizza:
80 g Pizzateig
(Rezept siehe Seite 87)
50 ml dicke Tomatensauce
(Rezept siehe Seite 90)
20 g Stangensellerie, in kleine Würfelchen geschnitten
4 grüne Spargelspitzen, gekocht
80 g Lachsfilet, ohne Haut und Gräten
15 g Parmesan, gerieben
10 g Mozzarella, grob gehackt
2 EL Olivenöl

4 Zweige Dill

Bild Seite 70: Lachs-Pizza mit grünem Spargel

Lachs-Quiches mit Brokkoli und Salaten

Den Blätterteig 1,5 mm dünn auswallen. Vier Förmchen mit Butter ausstreichen und mit dem Mehl ausstäuben. Den Teig in die Förmchen legen und gut andrücken.
Den Lachs in Würfel schneiden und zusammen mit den Brokkoliröschen in die Förmchen legen. Für den Guß Eier, Käse und Sahne verquirlen und mit Salz und Pfeffer würzen. In die Förmchen füllen und im auf 180 °C vorgeheizten Ofen in 15–20 Minuten goldgelb backen. Aus dem Ofen nehmen und aus der Form lösen.
Für die Salatsauce den Essig und das Öl verrühren und mit Salz würzen. Den Salat putzen und auf den oberen Tellerhälften anrichten. Den Salat mit der Sauce beträufeln und die Lachsquiches dazu arrangieren.

150 g Blätterteig
20 g Butter
10 g Mehl

150 g Lachsfilet, ohne Haut und Gräten
100 g Brokkoliröschen, knackig gekocht

150 ml Sahne
2 Eier, verquirlt
30 g Parmesan, gerieben
Salz, Pfeffer aus der Mühle

12 Zweige krausen Blattsalat
50 g Kresse
20 g Feldsalat (Nüßlisalat)

30 ml Balsamico-Essig
60 ml Sonnenblumenöl
Salz

Grüne Tagliatelle mit Lachsstreifen, Brokkoli, Petersilie, Knoblauch, Oliven und Limonen

Den Brokkoli in Röschen zerlegen und in gesalzenem Wasser zusammen mit dem Olivenöl weichkochen. Aus dem Sud heben und erkalten lassen. Die Tagliatelle im Brokkolisud „al dente" kochen.
Die Limonen schälen, die Fruchtfilets auslösen und in kleine Würfelchen schneiden.
Den Knoblauch schälen, in Scheiben schneiden und im heißen Olivenöl knusprig hellbraun braten. Die Oliven, die Brokkoliröschen, die Petersilie und die Limonen beigeben. Die grünen Tagliatelle und die Lachsstreifen dazugeben und vorsichtig umrühren. Mit Salz und Pfeffer pikant würzen.
Auf tiefe Teller anrichten, mit dem Parmesan bestreuen und mit dem restlichen Olivenöl beträufeln.

400 g grüne Tagliatelle
20 ml Olivenöl
300 g Brokkoli
Salz

2 Limonen
4 Knoblauchzehen, geschält
40 ml Olivenöl
6 grüne Oliven, in Streifen geschnitten
6 schwarze Oliven, in Streifen geschnitten
3 Zweige glatte Petersilie, fein gehackt
300 g Lachsfilet, ohne Haut und Gräten, in Streifen geschnitten
40 ml Olivenöl
Salz, schwarzer Pfeffer aus der Mühle

30 g Parmesan, gerieben

Lachsfilet in Blätterteig mit Kerbel-Estragonsauce

Die Spinatblätter für 10 Sekunden in kochendes Salzwasser tauchen, kalt abschrecken und auf dem Küchentuch auslegen.
Bouillon und Sahne zusammen mit den Kräutern zu einer sämigen, leichten Sauce einkochen. Die geschlagene Sahne darunterheben und mit Salz würzen.
Den Blätterteig 1,5 mm dünn auswallen und Rechtecke von ca. 15x15 cm ausschneiden. Den Lachs mit Salz würzen und in die Spinatblättern einwickeln. Den Lachs auf die Mitte der Teigquadrate legen und einwickeln. Mit dem verquirlten Ei bepinseln und im auf 180 °C vorgeheizten Ofen 12–15 Minuten goldgelb backen.
Die Sauce auf die Mitte der Teller anrichten, die Blätterteigpäckchen quer aufschneiden und auf die Sauce legen. Mit je einem Dill- und Kerbelzweig garnieren.

200 g Blätterteig

4 Lachsfilets,
je ca. 80–90 g
100 g junge Spinatblätter,
entstielt
1 Ei, verquirlt

Kerbel-Estragonsauce:
200 ml Sahne
100 ml Gemüsebouillon
50 ml Sahne, geschlagen
2 Zweige Kerbel, fein
gehackt
2 Zweige Estragon, fein
gehackt

Lachsschnitzel aus dem Kräuterdampf mit Artischocken

Die Kräuter fein hacken. Die Artischocken halbieren und zusammen mit der Bouillon und dem Weißwein aufkochen. Den Saft der Limonen und die Kräuter beigeben. Mit Salz und Pfeffer würzen.
Die Zutaten für den Kräuterdampf in eine breite Pfanne geben und aufkochen. Den Siebaufsatz mit Olivenöl bestreichen. Die Lachsfilets mit Salz würzen und auf das Sieb legen. Den Aufsatz auf die Pfanne setzen und den Fisch zugedeckt im Kräuterdampf garen.
Das Artischockenragout auf die Mitte der Teller anrichten, die Lachsfilets daraufsetzen und mit einem Zweig Kerbel garnieren.

4 Lachsschnitzel, je ca. 120 g
40 ml Olivenöl
Salz

Kräuterdampf:
4 Zweige Thymian
2 Zweige Rosmarin
½ Bund glatte Petersilie
2 Knoblauchzehen
1 l Wasser

Artischockenragout:
12 Artischockenherzen, gekocht
100 ml Fischbouillon
2 Limonen
50 ml Weißwein
2 Zweige Estragon
2 Zweige Dill
Salz, Pfeffer aus der Mühle

4 Zweige Kerbel

Lachs in Sesamöl gebraten mit thailändischer Currysauce

Die thailändische Currysauce zubereiten. Den Wirsing in feine Streifen schneiden und in der Butter andünsten. Die Gemüsebouillon und die Sahne dazugießen und das Gemüse auf kleinem Feuer knackig weich dünsten. Mit Salz würzen.
Die Lachsschnitzel mit Salz würzen und in der heißen Olivenöl-/Sesamöl-Mischung auf beiden Seiten kurz wenden. Auf einem Küchenpapier etwas abtropfen lassen.
Den Wirsing auf die Mitte der Teller anrichten, die Lachsschnitzel schräg daranlegen und mit der heißen Currysauce umgießen. Mit einem Zweig glatter Petersilie garnieren.

8 Lachsschnitzel, je ca. 60 g
Salz
20 ml Olivenöl
1 TL Sesamöl

150 ml thailändische Currysauce (Rezept siehe Seite 92)
300 g Wirsingblätter
20 g Butter
50 ml Gemüsebouillon
50 ml Sahne
Salz

4 Zweige glatte Petersilie

Lachsterrine mit grünem Spargel und Spinat

Den Lachs in kleine Würfel schneiden und zusammen mit den Eiweiß im Cutter fein pürieren. Die Sahne darunterheben und mit Salz, Pfeffer, Zitronensaft und dem Pernod würzen.
Die Spargeln in leicht gesalzenem Wasser knackig kochen.
Die Terrineform mit Butter ausstreichen und die Hälfte der Lachsmasse einfüllen. Ein hochrandiges Backblech mit Zeitungspapier auslegen, mit heißem Wasser bis zur Hälfte füllen und die Terrineform hineinstellen. Das Blech mit der Form in den auf 150 °C vorgeheizten Ofen stellen. Nach 15 Minuten die Ofentemperatur auf 80 °C reduzieren und weitere 30 Minuten garen. Die Form aus dem Ofen nehmen und die Terrine auf ein Brett stürzen.
Für die Sauce die Champagnersauce mit dem Kerbel aufkochen und mit Salz würzen.
Die Terrine heiß in Tranchen schneiden und auf die unteren Tellerhälften anrichten. Mit der Sauce umgießen. Die Spinatblätter im heißen Olivenöl leicht schwimmend ausbacken. Aus dem Öl heben, auf einem Küchenpapier abtropfen und mit Salz würzen. Die knusprigen Spinatblätter zur Terrine anrichten und mit dem Dill und dem Kerbel garnieren.

Für eine 10 cm lange Form Lachsterrine:
400 g Lachsfilet, ohne Haut und Gräten
2 Eiweiß
150 ml Sahne, geschlagen
Salz, Pfeffer aus der Mühle
½ Zitrone
1 TL Pernod
8 grüne Spargeln

10 g Butter, für die Form

150 ml Champagnersauce (Rezept siehe Seite 68)
½ Bund Kerbel, fein gehackt

120 g junge Spinatblätter
50 ml Olivenöl
Salz

4 Zweige Kerbel
4 Zweige Dill

Russische Lachspastete/Kulebiaka

Den Reis in der Bouillon und dem Wasser körnig kochen. Kalt abschrecken und den Reis in eine Schüssel geben. Die Champignons putzen und grob hacken. Die Eier schälen und fein hacken. Die Zwiebeln und die Champignons in der Butter andünsten, die Eier beigeben und mit Salz würzen. Den Reis mit der Champignonmasse vermengen, die Kräuter beigeben und mit Salz würzen.
Den Blätterteig 2 mm dünn auswallen, die Reismasse darauf verteilen. Den Lachs mit Salz würzen und auf die Reismasse legen. Mit der restlichen Reismasse bestreichen und den Blätterteig einklappen. Mit Eigelb bestreichen und die Pastete im auf 200 °C vorgeheizten Ofen 45–50 Minuten backen.
Die Kerbelsauce zubereiten. Die Kulebiaka aus dem Ofen nehmen, in Tranchen schneiden und auf die Teller anrichten, mit der Kerbelsauce umgießen. Mit einigen Zweigen Kerbel garnieren.

400 g Lachsfilet, ohne Haut und Gräten
Salz

Füllung:
80 g unglasierter Reis (Vialone)
200 ml Fleischbouillon
200 ml Wasser
2 Eier, hart gekocht
2 Zwiebeln, fein gehackt
250 g Champignons
20 g Butter
2 Zweige Dill, fein gehackt
2 Zweige Petersilie, fein gehackt
Salz

400 g Blätterteig
1 Eigelb

150 ml Kerbelsauce
(Rezept siehe Seite 94)

Lachsspieß mit Riesenkrevetten und Jakobsmuscheln

Für die Gurkensauce die Gurken kleinschneiden und zusammen mit der Gemüsebouillon im Mixer fein pürieren und mit Salz würzen.
Lachswürfel, Jakobsmuscheln und die Riesenkrevetten auf vier Holzspieße aufspießen. Mit Salz würzen und im Olivenöl wenden. Die Spieße auf den Grill legen und braten.
Die Karotten schälen und über Dampf weich garen. Die ungeschälten Kartoffeln im Olivenöl schwenken und mit Salz würzen.
Die kalte Gurkensauce auf die Teller ausgießen, die Spieße, die Kartoffeln und die Karotten dazu arrangieren und mit den Kräutern garnieren.

4 Riesenkrevetten, ohne Schale
8 Jakobsmuscheln
8 Lachsfiletwürfel, je ca. 30 g
Salz
40 ml Olivenöl

8 junge Karotten
250 g kleine Kartoffeln, in der Schale gekocht
Salz

Gurkensauce:
300 g Salatgurken
100 ml Gemüsebouillon
Salz

4 Zweige Dill
4 Zweige Kerbel

Bild Seite 82: Lachsspiess mit Riesenkrevetten und Jakobsmuscheln

Lachstranchen in Fenchelbouillon mit Muscheln

Den Fenchel und den Porree in Streifen schneiden. Fisch- und Gemüsebouillon zusammen mit den Gemüsen in einen breiten Küchentopf geben und 4 Minuten kochen. Die Lachstranchen in den Sud legen und bei kleinem Feuer 10 Minuten garziehen lassen. Den Sud mit dem Saft einer halben Zitrone, Salz und Pfeffer aus der Mühle würzen. Die Muscheln sowie die Spargelspitzen ebenfalls in den Sud legen.
Die Lachstranchen auf große, tiefe Teller anrichten, die Gemüse und Muscheln dazu arrangieren und mit dem Sud übergießen. Mit einem Zweig Dill garnieren.

4 Lachstranchen, je ca. 150 g
Salz

12 grüne Spargelspitzen, gekocht
16 kleine Miesmuscheln, gekocht
80 g Porree (Lauch)
1 Fenchelknolle
100 ml Fischbouillon
100 ml Gemüsebouillon
½ Zitrone
Salz, weißer Pfeffer

4 Zweige Dill

Bild Seite 83: Lachstranchen in Fenchelbouillon mit Muscheln

Lachs-Canneloni mit Tomaten und Thymian

8 grüne Lasagneblätter
20 ml Olivenöl
Salz

Füllung:
400 g Lachsfilet
150 g Spinatblätter, entstielt
20 ml Olivenöl
2 Schalotten, fein gehackt
1 Knoblauchzehe, gepreßt

Sauce:
20 ml Olivenöl
1 Zwiebel, fein gehackt
2 Zweige Thymian
4 Tomaten
150 ml Sahne
Salz, Pfeffer aus der Mühle

4 Zweige glatte Petersilie

Die Teigblätter zusammen mit dem Salz und dem Olivenöl in viel Wasser „al dente" kochen, kalt abschrecken und abtropfen lassen.
Für die Füllung den Lachs in Streifen schneiden. Den Spinat putzen. Die Schalotte und den Knoblauch im Olivenöl andünsten, den Spinat beigeben und kurz mitdünsten. Mit Salz und Pfeffer würzen. Den Lachs leicht würzen und mit dem Spinat vermengen. Die Cannelonifüllung längs auf den Teigblättern auslegen und diese einrollen.
Die Canneloni in eine bebutterte Gratinplatte legen und für 15 Minuten in den auf 180 °C vorgeheizten Ofen stellen.
Für die Sauce die Tomaten oben kreuzweise einschneiden, den Strunk entfernen und kurz in kochendes Wasser tauchen, kalt abschrecken, schälen, halbieren, die Kerne entfernen und die Tomaten in kleine Würfel schneiden. Die Zwiebel im Olivenöl andünsten, die Blättchen der Thymianzweige abstreifen und zu den Zwiebeln geben. Die Tomaten beigeben und mitdünsten. Die Sahne dazugießen und zur Hälfte einkochen. Mit Salz und Pfeffer aus der Mühle würzen.
Die Canneloni aus der Gratinplatte nehmen, auf Teller anrichten und mit der Sauce übergießen. Mit einem Zweig glatter Petersilie garnieren.

Ragout von Lachs in Schalotten-Rotweinsauce

Für die Sauce die Schalotten in Olivenöl andünsten. Den Rotwein dazugießen und auf kleinem Feuer zur Hälfte einkochen. Die Sahne dazugießen und zu einer leichten, sämigen Sauce einkochen. Mit einer Prise Zucker, Salz und Pfeffer würzen. Die Butter darunterschwingen, die geschlagene Sahne beigeben und nochmals aufschäumen lassen.
Die Schwarzwurzeln in ca. 4 cm lange Stücke schneiden und in der Butter schwenken.
Den Lachs in ca. 30–40 g schwere Würfel schneiden, mit Salz und Pfeffer würzen und im heißen Olivenöl stark anbraten, die Pfanne vom Herd ziehen und den Lachs garziehen lassen. Aus der Pfanne nehmen und auf einem Küchenpapier abtropfen.
Die Schalotten-Rotweinsauce auf die Mitte der Teller gießen, den Lachs und die Schwarzwurzelstücke darauf anrichten. Mit den Kerbelzweigen garnieren.

Schalotten-Rotweinsauce:
4 Schalotten, fein gehackt
20 ml Olivenöl
150 ml Rotwein
100 ml Sahne
40 g Butter
50 ml Sahne, geschlagen
1 Prise Zucker
Salz

500 g Lachsfilet, ohne Haut und Gräten
20 ml Olivenöl
Salz, Pfeffer aus der Mühle

300 g Schwarzwurzeln, gekocht
20 g Butter
4 Zweige Kerbel

Pizza-Teig

Die Trockenhefe im lauwarmen Wasser anrühren. Mehl und Salz vermengen und zusammen mit dem Öl und dem Honig zum Hefewasser geben. Zu einem glatten Teig kneten, mit einem feuchten Tuch zudecken und an einem warmen Ort 1 Stunde aufgehen lassen.

Für 4 Pizzas:
300 g Mehl
3 EL Olivenöl
4 g Trockenhefe
1 EL Honig
100 ml Wasser
½ TL Salz

Kartoffel-Gnocchi

800 g Kartoffeln, in der Schale gekocht
40 g Parmesan, gerieben
150–160 g Mehl
2 Eigelb
Salz

Die Kartoffeln noch warm schälen, durch eine Kartoffelpresse treiben und in eine Schüssel geben. Den Käse und die Eigelb gut daruntermischen und mit Salz würzen. Nach und nach das Mehl, je nach Feuchtigkeit der Kartoffeln, beigeben und zu einem glatten, nicht klebrigen Teig vermengen.

Haselnußgroße Teigkügelchen formen und auf ein Blech legen. Nun die Teigkügelchen einzeln quer auf eine Gabel legen, mit dem Finger eindrücken und etwas einrollen. So erhalten die Gnocchi ihre typische Form. Die Gnocchi in viel gesalzenem Wasser kurz aufkochen. Kalt abschrecken und auf einem Küchentuch abtropfen lassen.

Fischbouillon

Die Zwiebel schälen und zusammen mit dem Knoblauch in Streifen schneiden. Die Karotten und den Sellerie in kleine Würfel schneiden.

Die Lachsgräten in eine große Schüssel geben und unter fließend kaltem Wasser gut durchspülen.

Die Gemüse im Olivenöl andünsten, die Lachsgräten beigeben und mit dem Weißwein ablöschen. Das Wasser dazugießen und aufkochen. Die austretende schaumige Eiweißschicht abschöpfen, die Kräuter und Gewürze beigeben und knapp auf dem Siedepunkt 25 Minuten ziehen lassen. Durch ein Sieb passieren und auf kleinem Feuer um ein Drittel einkochen.

40 ml Olivenöl
1 Zwiebel
2 Knoblauchzehen

1 kleine Karotte
30 g Sellerie
2 kg Lachsgräten

100 ml Weißwein
4 l Wasser
2 Zweige Dill
2 Zweige glatte Petersilie
2 Zweige Kerbel
1 Lorbeerblatt
5 schwarze Pfefferkörner, grob zerdrückt

Tomatensauce für Pizzabelag

Die Tomaten in ein Sieb geben und abtropfen lassen. Die Zwiebeln und den Speck im Olivenöl andünsten, die Tomaten beigeben und aufkochen. Zucker und Basilikum beigeben und mit etwas Salz und Pfeffer würzen. Auf kleinem Feuer zu einer dicken Sauce einkochen lassen.

1 kg Tomatenwürfel aus der Dose (Pelati)
2 Zwiebeln, fein gehackt
100 g Frühstücksspeck, fein geschnitten
2 Bund Basilikum, grob gehackt
30 ml Olivenöl
1 TL Zucker
Salz, Pfeffer aus der Mühle

Citrus-Vinaigrette

Die Zitrone sowie die Orangen und Grapefruit schälen und die Fruchtfilets auslösen. Den dabei austretenden Saft in einer Schüssel auffangen. Die Fruchtfilets in Würfelchen schneiden und in die Schüssel geben. Die restlichen Zutaten beigeben und mit Salz und Pfeffer würzen.

2 rote Zwiebeln, in feinste Scheibchen geschnitten
2 rosa Grapefruit
2 Orangen
1 Zitrone
80 ml Traubenkernöl
80 ml Olivenöl, kaltgepreßt
3 Zweige Estragon, fein gehackt
4 Zweige Koriander, fein gehackt
Salz, schwarzer Pfeffer aus der Mühle

Thailändische Currysauce

Für ca. 500 ml Sauce:
10 Gewürznelken
18 schwarze Pfefferkörner
3 kleine Zimtstengel
40 g Koriandersamen, grob zerstoßen
3 TL Kardamom
6 EL Kokosraspel
80 g Mandeln, gehobelt

5 mittlere Zwiebeln
4 Knoblauchzehen
50 g Butter

2 Stengel Zitronengras
1 TL Safranpulver
1 TL Cayennepfeffer
1 TL Kurkuma-Pulver
5 EL Caram-Masala-Gewürzmischung
5 EL Madras-Currypulver
1,5 l Geflügelbouillon
Salz
4 Limonen
4 EL frischer Ingwer, fein gehackt

Die Gewürze in einem kleinen Mörser fein zerreiben. Die Zwiebeln und den Knoblauch schälen, fein hacken und in der Butter goldgelb dünsten. Die Gewürze beigeben, leicht anrösten und dann die Mandeln und Kokosraspel in die Pfanne geben.
Die Zitronengrasstengel kleinschneiden und zusammen mit den restlichen Gewürzen in die Pfanne geben. Die Geflügelbouillon dazugießen und auf kleinem Feuer 30 Minuten köcheln lassen.
Die Schale der Limonen fein abreiben. Die Sauce mit der Limonenschale, Salz und Ingwer würzen. Mit dem Mixer fein pürieren.

Weißwein-Grundsauce

Die Bouillon und den Weißwein in eine Pfanne geben und auf kleinem Feuer zur Hälfte einkochen. Die Sahne und die Crème double beigeben und zu einer leichten, sämigen Sauce kochen. Mit Salz würzen und zuletzt mit dem Stabmixer luftig schlagen.

Zutaten für ca. 300 ml Sauce:
250 ml Fischbouillon
120 ml Weißwein
100 ml Crème double (Doppelrahm)
200 ml Sahne
Salz

Kerbelsauce

200 ml Weißwein-Grundsauce
1 Bund Kerbel
50 ml Sahne, geschlagen
Salz

Den Kerbel fein hacken und zusammen mit der Weißwein-Grundsauce aufkochen. Die Sahne beigeben und unter kräftigem Rühren aufschäumen lassen. Mit Salz würzen.

Béchamel-Sauce

Die Butter in der Pfanne schmelzen, das Mehl beigeben und gut verrühren. Nach und nach die Milch dazugießen und aufkochen. Die Sahne beigeben und auf kleinem Feuer 10 Minuten köcheln lassen. Mit Salz und Muskatnuß würzen.

Zutaten für ca. 600 ml Sauce:
30 g Butter
25 g Mehl
500 ml Milch
150 ml Sahne
Salz, Muskatnuß, frisch gerieben

Weintips

Zu Lachs kalt:

Nebst Champagner brut oder trockenem Sekt, reicht man zu Räucherlachs einen leichten, trockenen bis mittelschweren Weißwein

Deutschland:

Silvaner, Riesling, Müller-Thurgau (Franken) – Gutedel (Baden u. a.) – Rieslaner (Franken u. a.) – Riesling (Mosel-Saar-Ruwer, Pfalz, Rheingau, Württemberg u. a.) – Kerner (Pfalz, Rheinhessen, Württemberg u. a.) – Scheurebe trocken (Rheinhessen, Pfalz, Nahe, Franken)

Frankreich:

trockener Sauvignon blanc (Bordeaux) – Chablis, Puligny-Montrachet Premier Cru (Burgund) – Clevner und Gewürztraminer (Elsaß) – Touraine, Vouvray (Val de Loire)

Italien:

Weißer Etschtaler = Valdadige bianco (Südtirol) – Bianco di Custoza (Venetien) – Orvieto secco (Umbrien) – Colli Albani, Colli Lanuvini, Frascati secco (Latium)

Österreich:

Weißburgunder – Chardonnay – trockene Spätlesen vom Riesling oder Grünen Veltliner

Schweiz:

Pinot blanc (Westschweiz) – Fendant (Wallis) – Dorin oder Terravin (Waadt)

Zu Lachs warm:

Manche Feinschmecker trinken dazu gerne einen leichten, zarten Rotwein, andere bevorzugen einen Weißwein als Begleiter: Hier sei ein Rosé bester Qualität empfohlen

Deutschland:

Weißherbst (Rheingau, Rheinhessen, Pfalz, Baden, Franken, Ahr)

Frankreich:

Irouléguy rosé (Sud-Ouest) – Tavel rosé (Côtes du Rhône) Bandol rosé (Provence) – Rosé d'Anjou (Val de Loire)

Italien:

Lagrein Kretzer = Lagrein rosato (Südtirol) – Castel del Monte rosato, Salice Salentino rosato (Apulien) – Cirò rosato (Kalabrien)

Schweiz:

Gamay rosé (Genf, Waadtland: La Côte) – Oeil de Perdrix (vor allem aus Neuchâtel)

Aus Steurer „Welcher Wein zu welchem Essen?“, 6., ergänzte Ausgabe, bei der Müller Rüschlikon Verlags AG, Cham, erschienen.